g.t.vampi
UMBRUCH

Impressum

Bibliografische Information der Deutschen Nationalbibliothek: Die Deutsche
Nationalbibliothek verzeichnet diese Publikation in der Deutschen Nationalbibliografie;
detaillierte bibliografische Daten sind im Internet über http://dnb.dnb.de abrufbar.

Die automatisierte Analyse des Werkes, um daraus Informationen insbesondere über Muster,
Trends und Korrelationen gemäß §44b UrhG („Text und Data Mining") zu gewinnen, ist
untersagt.

© 2025 g.t. vampi (i.d.R. Sie bzw. Ihr Pseudonym)

Lektorat: Vorname Nachname oder Institution
Korrektorat: Vorname Nachname oder Institution
Weitere Mitwirkende: Vorname Nachname oder Institution

Verlag: BoD · Books on Demand GmbH, In de Tarpen 42, 22848 Norderstedt, bod@bod.de

Druck: Libri Plureos GmbH, Friedensallee 273, 22763 Hamburg

ISBN: 978-3-7693-5561-1

Inhaltsverzeichnis

Vorwort 7

24.1.25 8

Musik 10

Medizin 12

Natur 13,32

Angstzustände 14

Gedankenkarusell 15

Tiere 16

Depression 18

Tablettensucht 20

Suchterkrankungen 22

Selbstrespekt 25

Selbstliebe 27

Narzisstische Eltern 28

Ruhe 29

KI 30

Liebe 33

Tod 35

Ernährung 38

VORWORT

Eine kleine Lektüre, für den einfachen Menschen, welcher vielleicht gerade keinen Ausweg, aus seiner Situation findet.

Ich selbst, musste einen steinigen Weg gehen, welcher , mich des öfteren an meine Grenzen erinnert hatte. Nicht jeder hat die Kraft, dem zu entfliehen.

Daher möchte ich, mit Anregungen , einfachen Tipps und ja, auch Kritik auf Missstände hinweisen.

Mein Wunsch ist, mit diesen Seiten , vielleicht, das ein oder andere Leben , in eine neue Richtung lenken zu können.

In Gedenken an meine Großeltern,
Margot und Wolfgang

24.1.2025

Ein Jahr des Umbruchs,

Planetenkonstalertionen , begünstigen die ganze Sache.

Wer nicht an positive Energie manifestiert , wird es merken.

Politisch , z.b. Neuwahlen , die Welt ist im Umbruch,

und das ist gut.

Quantenphysik, für die, die mit Energien umgehen können ,wäre so der Stichpunkt.

Ich selbst , fühle mich so frei , aufgestiegen.

Es macht Freude Liebe nach Außen zu tragen,weil man selbst durch Heilung , Erkenntnisse gewachsen ist.

Musik , mein ständiger Begleiter.

Meine Heilung, ein USB-Stick voll, für meinen Seelenmenschen ,da dieser es noch braucht , um wachsen bzw heilen zu können.

Ihm fehlte die Kraft zu . Viele negative Erfahrungen , welche sein Leben prägen.

Dann kam ich in sein Leben , wieder geburtselt.

Sorry, das ich so lange weg war.Ich musste selbst noch eine Lektion lernen, um wachsen zu können , um dir helfen, und wieder „Leben „ geben zu können.

Du warst erstarrt , hast dich hinter einer Maske, aus Eis und Kälte der Vergangenheit versteckt, Schutzmauer.

Deine Verletzungen , lass sie bitte in der Vergangenheit , diese kannst du nicht mehr ändern , aber daraus lernen.

Du hast mir dein wahres Ich schon längst offenbart, wenn auch unbewusst, als wir uns am 1.1.25 , nach ca. 10 Jahren , wieder getroffen haben.

Leider konnte ich in dem Moment nicht alles gleich zuordnen, so geballt war die Energie, im positiven Sinne.

Ich glaube , du hast gemerkt, wie unruhig , aufgeregt ich war.

Was ich sofort bemerkte , das Vertrauen fühlte ich , wie noch nie, in meinem Leben. Obwohl ich selbst Jahre durch meine persönliche Hölle gegangen war. Ein Lernprozess, also, im Nachhinein, etwas positives.

MUSIK

Um auf Musik zurückkommen, Frequenzen , die Heilen, Künstler, die mit ihren Texten so viel ausdrücken können, wenn auch stellenweise mit einer Maske getarnt.
Denn, wer gibt denn öffentlich zu, in welcher Fähre er gerade sich befindet.
Wie schnell urteilt die Masse.
Was nicht verstanden , oder zugeordnet werden kann, wird leicht als „verrückt „‚ „durchgeknallt „abgestempelt.
Schubladendenken ,das Problem der Menschheit.
Wie sagt man auch gerne , man hat immer 2 Leben, sein eigenes und das was sich andere sehen bzw darüber denken , urteilen.
Mir egal, was andere von mir denken , sollen sie sich meine Schuhe anziehen , nur einen Teil meines Weges gehen und dann Urteilen.
Den Meisten hätte es wahrscheinlich an Kraft gefehlt und hätten aufgegeben.
Ich habe daraus meine Kraft , Stärke wachsen lassen.

Um zum kosmischen Spektakel zurück zu kommen.
Für die ,die es keine Bedeutung hat , dürfen diese Zeilen gerne überspringen.
Menschen auf der ganzen Welt , speziell , diese , die eine geistige Reife besitzen, spirituelle Seelen, zum Beispiel , merken mehr , als „normale Herdentiere“.

Urvölker , Genies , Spirituelle können es fühlen.
NUR RUMGESPINNE???

Das lasse ich so stehen.
Viele schreien es doch schon in die Welt hinaus , nur um wieder zur Musik zurück zu gehen

MUSIK

Töne, versteckte Frequenzen.

Texte, zweideutig, ,von großen Künstlern.

Als „Gruftimusik „ verschrien , beinhaltet es viele Künstler , welche „tiefer" fühlen und es mit ihrer Musik versuchen, der Welt mitzuteilen.

Sollte als Anregung , die Sachen aus einer anderen Perspektive einmal zu betrachten, über den „Tellerrand" hinaus…

„Schubladendenken „ , Urteilen, anders zu bewerten.

Glaube

Viele Menschen suchen Antworten im Glauben.

Wenn man die verschiedenen Glaubensrichtungen einmal im Grunde betrachtet , kommt man überall auf die gleichen Ergebnisse….Zufall???

Naturvölker , welche nie zu einander Kontakt hatten , alte Völker , um einige benennen zu dürfen, Inkas , Heiden und viele mehr , alles Zufall?

Manche Glaubensrichtungen , welche sich an Bücher klammern , haben in ihren Schriften [Richtlinien , was man glauben sollte] , so „angepasst, oder weggelassen , um es nicht angreifend auszudrücken zu müssen , das es in ihre Welt passt.

Damit keine „Unannehmlichkeiten „ , in Form von Fragen aufkommen?

Zufall???

Ich bin kein „Verschwörungstheoretiker" , eigene Erfahrungen , Gedanken haben es mir zeigen können.

MUSIK ♪♪♪

MUSIK 🎵

IST   WIE   EIN

ALTER FREUND ,

DER KEINE FRAGEN STELLT.

MEDIZIN

Medizin kann es stellenweise, mit Vorsicht an die Menschen heran tragen, es wird belächelt , für verrückt erklärt.

Wenige Menschen können es nur zuordnen , welche sich mit dem Thema befassen ,befasst haben.

Die Gesellschaft , Herdentier Menschen , wird doch so erzogen , dass er im System funktioniert ,sich nicht selbst damit befasst. Nicht die Zeit findet, um sich über solche Dinge , über sein Sein , nachzudenken zu können.

Schulwesen, zum Beispiel , es werden Dinge erlernt , welche man nicht wirklich braucht, genauso umgedreht. Nur um in dem System dienen zu können , Vorbereitung auf das Arbeitsleben. Wirklich wichtige Informationen über das Leben, Fehlanzeige.

Viele, leider die Mehrheit ,wird von dieser Erde gehen , ohne Erkenntnis , ohne wirklich gelebt zu haben, damit meine ich nicht , Partys, gute Leistungen im Beruf , viele arbeiten nur, um sich den materiellen Lebensunterhalt leisten zu können.

Spaß an der Arbeit , die wenigstens , können dies von sich behaupten. Es geht doch nur darum , was besseres Darstellen zu können, in der Gesellschaft , welche oberflächlich und kalt geworden ist. Menschlichkeit, Mitgefühl usw , wo sind die alten Werte geblieben? Dickes Auto, dient dies nicht als Maske , um eigene Defizite zu überdenken, genauso , wie großes Haus , kein Mensch braucht dies.

Materielle Dinge, Konsumgüter , dient alles nur für das Ego. Liebe , Geist , welche Dinge, die wirklich wichtig sind, kann man nicht kaufen.

NATUR

Die Natur , welches uns so viel lehrt. Die Substanz des Seins . Die moderne Welt verkommt immer mehr. Stress , Krankheiten, Tod , sind nur einige Ergebnisse von.

Suchterkrankungen, physische Erkrankungen nehmen zu , weil zum Beispiel Ruhe fehlt, weil nicht jede Seele , Mensch die Kraft aufbringen kann , dem Stand zu halten. Erwartungen der Gesellschaft sind wichtiger.

Die Guten und Schwachen, suchen , wenn sie die Kraft noch aufbringen können und nicht aufgeben , im schlimmsten Fall , Selbstmord begehen ,Hilfe, in Form von physischen Einrichtungen, oder ambulanten Ärzten. Es darf keiner sehen, die Scham meist groß.

Depressionen , Angstzustände…..ein Gefängnis seiner selbst…..

Welche Geschichte über Dich gewinnt???

Negativ   Positiv

Meine besten Tage liegen hinter mir.   Ich bin , eine/r starke/r Persönlichkeit.

Ich bin nichts wert.   Ich entdecke die nächste Phase meines Lebens.

Ich werde nicht mehr gebraucht.   Ich selbst bin lebendig und wunderschön.

Ich bin nicht mehr attraktiv.   Ich lebe mein Potenzial, für inneren Frieden.

Ich bin zu al, für etwas neues.   Ich bin für nichts zu alt, mein Wissen stärkt
mich.

Hilfe….Ansätze zur Verbesserung, ohne Chemie,….ein Versuch wert.

ANGSTZUSTÄNDE

Meist Begleiter von Depressionen.
Ein paar Erfahrungen, welche ich gerne teile, was mir geholfen hat,.
Angstzustände, es ist eine reine Kopfsache , welches wir bewusst , oder unbewusst
,unserem Hirn gelernt haben. Das Hirn, einer Festplatte ähnlich,   kann man
programmieren ,umprogrammieren.
Wieder einen positiven Aspekt in den Vordergrund stellen und das negative damit
überschreiben.
Heilung, es gibt verschiedene Arten von, Meditation, Joga, zum inneren Ich ,
vordringen, daran arbeiten, eine bessere Version von sich selbst zu werden. Wir
lernen ein Leben lang .
Das innere Kind, ist in vielen Fällen, wenn meist unbewusst , der Auslöser.
Aufarbeitung, zerpflücken, helfen sehr gut , der Ursache auf den Grund zu gehen.

GEDANKENKARUSELL

In vielen Situationen in unserem Leben, begegnen wir GEDANKENKARUSELL welche uns oft schlaflose Nächte bereiten. Es gibt abwärtsspiralige und , leider selten positive Aufwärtsspiralen. Umgangssprachlich , wir zermürben uns den Kopf.
Um wieder zu innerliche Ruhe , Frieden zu kommen, gibt es da auch einige Möglichkeiten.
Zur Vermeidung, Ablenkung, hilft , man denkt , zum Beispiel an Zahlen, welche man sich in Gedanken vorstellt. Bildlich dargestellt, wie man sie schreibt ,in verschiedenen Farben, nur ein Beispiel.
Klingt zwar paradox, jedoch ist unser Hirn abgelenkt . Um dann , was sehr hilfreich ist , Ruhen oder Schlafen.
Man sagt ja nicht umsonst, ich schlafe eine Nacht drüber….
Es ist reine Kopfsache ,man kann seine kreisenden Gedanken auch aufschreiben. Was auf Papier ist ,kann man weglegen…

TIERE

Tiere , Helfer in der Not. Spürsinn ,viel feiner ,Heilung , Aufgabe.
Wenn einem die Kraft fehlt ,um sich um sein eigenes Tier kümmern zu können, holt
euch bitte Hilfe.

Sie sind Begleiter, Beschützer, einfühlsam, da sie mehr Sinne einsetzen, da die
Sprache fehlt, was jedoch zum Vorteil für ihre Sinne steht.
Wir urteilen, über Tiere ,als wären sieseelenlose Gegenstände.
Obwohl sie über uns stehen , sinngemäß.
Man sagt nicht umsonst: "den wahren Charakter , erkennt man   ,indem man
beobachtet , wie jemand mit Tieren umgeht. „
Daraus kann man schon sehr viel aus einem Menschen lesen und Schlussfolgerungen
daraus ziehen. Warum denkt die Menschheit erst jetzt darüber nach , Tiere in zum
Beispiel, in Altersheimen , Pflegeeinrichtungen zu zulassen?
Steht der hygienische Aspekt über dem Wohlbefinden?
Tiere sind die besten Therapeuten.
Zu viel Hygiene, macht krank, warum gibt es in der modernen Zivilisation so viele
Allergien...

WER EIN HUNGRIGES

TIER

FÜTTERT , NÄHRT SEINE

EIGENE SEELE.

Charlie Chaplin

DEPRESSION

Um zum Thema Depressionen zurückzugreifen.

Es gibt verschiedene Auslöser für,   Traumata , Hormone ,toxische Menschen Erlebnisse, um einige zu benennen.

Bei mir waren es Hormone und eine toxische Beziehung und daraus schließenden Umfeld.

Warum ist es in dieser Gesellschaft verpönt ? Es ist eine schlimmere Erkrankung , als etwas körperliches. Und es werden immer mehr Betroffene, nur getraut sich nur kaum wer , darüber zu sprechen.

Symptome werden behandelt   ,was bei vielen die körperliche Verfassung verschlechtert. Ich funktionierte nur noch,   bekam Tabletten. Psychopharmaka ,welche meinen Körper am Funktionieren hielten, zum Preis meines Geistes , meiner körperlichen Gesundheit.

Psychologen , bemessen nach Abschlüssen , nicht nach Menschlichkeit, Sklaven der Pharmaindustrie .

Wenn man die Kraft hat   , sich endlich Hilfe einzugestehen,   das „Defizit „ anzuerkennen , scheitert man meist schon an einem Termin.

Sollte man doch das Glück haben , kommt man an wem „Fremdes" ,was nicht immer zum Nachteil ist. Da es manch einen leichter fällt sich zu öffnen. Der gegenüber geht aber leider meist, nach dem erlernten, aus Büchern, was er in seiner Ausbildung beigebracht bekommen hat, Menschlichkeit steht selten an erster Stelle. Seine Zeit, begrenzt, vorgegeben. Die eigentliche Aufgabe, mit Zeitdruck, meist nicht erfüllbar. Rezept mit Medikamenten vorprogrammiert.

Schon an der Rezeption, Datenschutz, größte Lüge überhaupt, unterschreiben.

Als ob die Notizen, welche sich der Arzt macht , nur als Gedankenstütze dienen.

Ja die Studien und Forschungen müssen auch „gefüttert „ werden. Kann positiv, oder auch negativ genutzt werden.

Was ich empfehlen würde, Heilpraktiker, in der Gesellschaft belächelt , einige treiben aber auch Unwesen, nur um an Kapital zu kommen , ohne das nötige Wissen zu haben.

Ich hatte über Umwege, das Glück, an eine gute Seele, Lehrerin im Anstoß, zu begegnen.

An dieser Stelle, danke Petra, ohne dich, würde ich , heute nicht hier sein, wie ich bin.

Leider kosten solche Wege ,Kraft ,Überwindungen und Geld.

Geld, was die meisten gebrochenen, gefallenen Seelen nicht haben, oder nur schwer aufbringen können. Viele merken erst , wenn sie ganz „unten" in der Gesellschaft angekommen sind, wenn überhaupt, zu dieser Erkenntnis kommen dürfen.

Gesundheit in Geld aufzuwiegen, Mensch schäme dich.

Ob die Medizin, der modernen Gesellschaft, es noch anerkennt, dass die seelische Gesundheit über dem körperlichen Wohlbefinden steht?

Unser Körper zeigt uns Symptome, meist Schmerzen aus der Seele heraus.

Behandelt werden diese ,aber Ursache bleibt meist uninteressant. „Ein gebrochenes Bein sieht jeder , welches meist auf vollständige Heilung, vom Körper aus heilend, mit sich bringt.

EIN GEBROCHENES BEIN SIEHT JEDER,

                    EINE GEBROCHENE SEELE, WIRD MEIST NOCH BELÄCHELT.

Mein große Glück, war, Petra , am tiefsten Punkt meines Lebens ,durfte ich ihr begegnen. Eine Sichtweise von „außerhalb „ ,welches , mein „Gefängnis „,erkannte.

TABLETTENSUCHT

Tablettensucht , sie sollten mir helfen und nahmen mir fast alles. Als sie, Petra ,
mir mitteilte, dass diese kleine Pille, welche ich verschrieben bekam , seit gut
2 Jahren, ein sehr hohes Suchtpotenzial hat , fiel es mir, wie Schuppen von den
Augen. ABHÄNGIG…
Aus Angst, den noch sehr belasteten Alltag nicht mehr Stand zu halten zu können,
Schwindelanfälle , in Situationen, vorzubeugen, in welchen ,meine Kinder, beide
nicht in der Lage, sich selbst zu versorgen, gewesen wären, nahm ich sie.
Erst mit Abstand auf das Geschehene , rückblickend, auf die Vergangenheit, merkte
ich, an Hand, körperlichen Symptomen ,was diese Substanzen, aus mir gemacht
hatten.
Vergiftungen, meines Körpers, meines Geistes.
Ich sollte auf anraten, diese Tabletten „ausschleichen „. Nein ,sagte mein inneres
Ich ,radikal setzte ich sie ab. Entzugserscheinungen quälten mich ,in Form von
Schweißausbrüchen ,Benommenheit und Realitätsverschiebungen, um einiges zu
benennen. Was mich aber innerlich nur noch stärkte.
Ein neues Lebensgefühl überrannte mich ,mein Hirn durfte , wenn auch noch mit
Startschwierigkeiten, sich wieder neu finden.
Diese Tabletten hatten buchstäblich mein Hirn lahm gelegt. Meine Neurotransmitter
blockiert. Für was??? Nur ,das mein Körper aufrecht bleibt und funktioniert?
Zum Dank wurde ich von Menschen, welche meinten, über mich urteilen zu können,
noch in Schubladen gepackt, welche man annahm, da gehöre ich hin , statt einfach
zu hinterfragen.
Ich erkannte, dass ich nicht nur körperlich, sondern auch seelisch gefangen war.
Positiv , ich lernte nun eine Technik kennen , welche mir erlaubte , nie wieder in
eine Depression zu fallen. Keine Angstzustände mehr erleben zu müssen.
ANGSTZUSTÄNDE
Angstzustände, welches mein Hirn schon im Kindesalter, geschult bekam .
Ängste, ein Gefängnis, welches einem nicht erlaubt, sein eigenes persönliches Ich
,sein zu dürfen. Mit über 40 hatte ich nun die Kraft und auch den Mut , dies
aufzuarbeiten. Kindheitserinnerungen , ich habe fast keine, außer größtenteils
negative. Man nennt es Verdrängung, der Körper und Geist schützt sich selbst.

Körperliche Gewalt stand sehr oft auf dem Tagesplan , reden erklären, nein zuschlagen war einfacher und man hat sich erhofft durch Züchtigung den Willen brechen zu können ,statt zu hinterfragen. Physische Gewalt, welche ich schlimmer empfand ,den körperlichen Schmerz kann man wegdenken , bis zu einem bestimmten Punkt. Ich passte nicht ins Bild ….

Aus Sich meines erwachsenen Ich s , war ich als Kind schon in Kontakt mit Depressionen und „Überlebensmotus „.

Mehrmals wollt ich nicht mehr , Hungerstreiks ,tagelanges ignorieren meiner „Familie „ ,haben sie nicht wahrgenommen, ich wurde nur belächelt, nie ernst genommen.

Es hat viele Narben in der Seele hinterlassen, aus welchen, ich zum Glück lernen konnte, so nie werden zu wollen , wie es mir vorgelebt wurde.

Innerlich merkte ich als Kind schon, daß ich Wahrnehmungen habe , welche anders sind , waren, als bei meinem Umfeld.

Ich spürte zum Beispiel, daß die Person, welche mir als Vater verkauft wurde, etwas nicht stimmte. Mit 16 , erfuhr ich ,via Geburtsurkunde, da ich diese brauchte, um meinen 1. Ausweis zu beantragen, was eigentlich ein positives Erlebnis sein sollte , Das mich mein Gefühl nicht getäuscht hatte.

Des weiteren ,Träume, welche ich später real erlebte , mit einem unbeschreiblichen Gefühl, als dies in meiner Handlung, mir auffiel. Zudem träumte ich im Vorfeld, von Personen, welche bald aus dem Leben traten. Reden darüber, nein ,mit wem denn? Man würd mich auslachen, für verrückt erklären. Einsperren?

Alles was anders ist, nicht von „normalen" Menschen, erklärbar ist ,wird „mundtot „ gemacht , weggesperrt, ,oder schlimmeres.

Meine Hilfe , zur Selbsthilfe, um aus einer Depression fluchten zu können,

ZIEHE AUS JEDEM EREIGNIS, GESCHEHENES DAS POSITIVE!!!

Programmiere dein Hirn um ,statt Gedankenkarusell ,Ausweglosigkeiten , Schuldzuweisungen oder der letzte Ausweg, Suizid.

DU BIST ES DIR WERT!! DU, NUR DU ZÄHLST!!

Sammler Kraft, wachse daraus, und komme dadurch zu neuer Stärke.

Kleine Schritte aufwärts, anfangs noch schwer, aber es wird zunehmend einfacher.

Finde deine innere Stärke wieder ,finde zu Selbstliebe !

Sei nicht zu streng mit dir , sehe den positiven Ausweg als Chance.

Du bist wundervoll , ja genau du !!!

SUCHTERKRANKUNGEN

Suchtkrankheiten , Alkohol ,   Drogen ,helfen zu vergessen, sein inneres Ich zu betäuben. ABER ,auf lange Sicht, eine Abwärtsspirale!!!

Schau, welche Stärken , Interessen, deiner Selbst ,als Ablenkung, dir dienen können.

Konzentriere dich darauf , lerne wieder zu leben.

Hobbys, geh ,so oft du kannst, in die Natur, heile ,Ruhe,…

Lernen wieder , dich an Kleinigkeiten zu erfreuen, gerade die Natur in ihren schönsten Facetten, für kein Geld der Welt zu erkaufen.

Bis ein kleines , aber ehrliches Lächeln wieder zu einem Lachen wird. SEI ES DIR WERT !!!

MESSE DICH NIE AN ANDEREN PERSONEN, Du kennst ihren Weg nicht.

Lass sie urteilen und reden, es fällt ihnen leicht, sie haben nicht deine Schuhe anziehen.

Lebe! So wie es sich für dich gut anfühlt, nicht für andere.

Am beste mit allen Sinnen, vielleicht auch mit dem 6.?

Schäme dich nicht, für nichts und für niemanden.

Du bist niemanden Rechenschaft schuldig . Erlebe Erkenntnisse, sei Du selbst, lerne aus der Vergangenheit ,aber lasse sie los!

Schau nach vorn , auf dich ,und lebe im Hier und Jetzt.

Beeinflussen kannst du die Vergangenheit nicht, aber sie dich.

Du willst nach oben, nicht mehr nach unten. Also lasse die Vergangenheit los!

AN DICH HEUTE SCHON GEDACHT ???

WIE FÜHLST DU DICH HEUTE?

WAS KANN DICH HEUTE BEREICHERN?

WIE SPRICHST DU HEUTE MIT DIR?

IN WELCHEM LICHT SIEHST DU DICH HEUTE?

WAS BRAUCHST DU HEUTE?

REZEPT

Mit diesem Rezept und Willensstärke , kann man so gut , wie jede Suchterkrankung besiegen. Es liegt an einem , ob man die dazugehörige Willenskraft , noch aufbringen kann zu. Der Mensch geht meist immer den einfachsten Weg , aber gerade die Steinigen , lohnen sich , in vieler Hinsicht.
Unser höchstes Gut, Selbstliebe.
In der heutigen Gesellschaft , welche , wie schon erwähnt, immer Kühler und egoistischer wird , man nur noch eine Nummer ist und das menschliche weitestgehend auf der Strecke bleibt, wichtiger denn je.
Trete jeden Menschen mit Liebe entgegen,   lass Schubladendenken, Voreingenommenheit und sozialen Status Weg, Respekt.
Du weißt nie , was es aus „ihm" gemacht hat , was diese Person nun ist.
Viele traurige Gestalten füllen unsere Straßen , jeder hat sein unsichtichtbares Päckchen, zu tragen , meist hinter einer Maske versteckt.
Mit Konsumgütern, überdeckte Defizite.
Meiner eins , zum Beispiel, spreche lieber offen mit wem , der ganz „unten" angelangt ist , weil diese eher die Wahrheit sagen , als wer , der mit seinem fetten Auto, glänzen mag.
Die Gesellschaft ist zur Theaterbühne geworden, sehen und gesehen werden , nach äußerlichen Aspekten , nicht nach dem menschlichen.

Traurig.

Jeder hat ein Recht auf Anerkennung, vom Obdachlosen , bis zu Manager.

Sie sind alle nur ein Teil unseres Lebens. Wer seine Wut nach außen trägt, ist meist nur ein „ armes" Würstchen , Groll gegen seines Gegenüber hegt , ist nur mit sich selbst im Konflikt.

Lächle , sei freundlich, ändern kannst du es, außer es wird nach Hilfe gebeten, eh nicht.

Vielleicht verunsichert ihn dein Lächeln so sehr, das er zum Nachdenken angeregt wird.

SIEHST DU WEM NICHT LÄCHELN,

     SCHENKE IHM DEINES.

Wenn du das Glück , wie ich es erfahren habe , hast mit dir im Reinen zu sein , Selbstliebe (kein Egoismus) ,zu erfahren.

Trage diese positive Energie nach außen, und mach die Welt ein bisschen besser.

Man erntet, was man säat , oder auch, du bekommst zurück , was du gibst.

Positive Sache, ziehen gleichwertiges an , genauso im Umkehrschluss.

SELBSTRESPEKT

DAS IST ECHTE SELBSTLIEBE!

UMSO MEHR RESPEKT DU DIR ENTGEGEN BRINGST,

UMSO MEHR WERDEN ANDERE DARAUF ACHTEN.
Ich selbst eine Person, der direkten Worte, fällt es nicht immer einfach , die „richtigen „ Worte und gegebenenfalls Tonfall zu erwischen, aber ein freundliches Gesicht zu , hilft meist, nicht immer, seinem Gegenüber, zu signalisieren, auf welcher Art und Weise, man es verstehen sollte.

MIEMIK

Angeboren ,Gesichter lesen zu können, was meist , so wie man Sprache erlernt ,sich nach und nach verliert, bei Vielen.
Und es wäre doch so wichtig, einfacher.

Mein Sohn, welcher als Ü-ei in mein Leben trat, mit gewissen Besonderheiten, schulte mich dies wieder .
Wir kommuniziere, ohne Worte, recht gut , über , zum Beispiel, seine Belangen, Bedürfnisse.
Er, als negative Belastung, von meinem Umfeld, wahrgenommen , ist so eine Bereicherung meines Lebens geworden , dass ich ihm sehr dankbar bin , das sich unsere Wege kreuzten.
Ein Lehrer , welcher , mir beigebracht hat , sich an kleinen Dingen erfreuen zu können.
Die Hebamme meinte damals schon , nur besondere Menschen , bekommen besondere Kinder.
Mit den Jahren , verstehe ich ihre Aussage immer mehr.
Danke das es dich gibt .

ES BRAUCHT WEDER ERLAUBNIS,

                              NOCH DIE DEN APPLAUS ANDERER,
UM DEN EIGENEN WEG ZU FINDEN UND ZU GEHEN.

SELBSTLIEBE

Die Flowerpower – Generation, war schon auf einen guten Wege.

Nächste Phase zur Selbstliebe , Bewusstseinserweiterung.

„Flowerpower"-Musik , welche vielversprechend war , zu dieser Zeit, leider erfolgte damals , wie leider auch heute, eine künstlich erschaffen Erweiterung des Geistes , mit Hilfe, zum Beispiel, Drogen, wenn überhaupt , nur noch von sehr wenigen Personen, real statt. Zu meiner Feststellung, werden es zunehmend mehr, auch , welche , die dazu endlich zu stehen.

Meist werden diese , abgestempelt, in Schubladen gepackt, verurteilt, wenn diese , überhaupt den Mut und die Kraft haben, dies preis zu geben.

Es gibt viele Abstufungen, welches von verschiedenen Faktoren abhängig sind, wie IQ, Lebensumfeld, usw.

NARZISTISCHE ELTERN

HABEN DEN GLAUBEN,

DAS DU

DAS BÖSE KIND BIST , ANSTATT

DIE VERANTWORTUNG FÜR DEN SCHADEN

ZU ÜBERNEHMEN,

DEN SIE ANGERICHTET HABEN.

RUHE

Ruhe , ich kann es nur bestätigen , heilt nicht nur Geist und Seele, Erkenntnisse
reihen sich, mit zunehmender Geisteserweiterungen ein.

Mein bestes Beispiel zu , Tempel.

Mönche , lange Generationen, aber ein Wissen, Wahnsinn.

Im Einklang mit der Natur , erlangen sie Erleuchtung, Wissen, auf Ebenen ,
welche KI nie , hoffe ich, erreichen wird.

EINFACH

NUR

DA SITZEN

UND DIE

SCHÖNHEIT

DER

NATUR

BEOBACHTEN.

KI

KI- ein Stichwort.

Ich bin der Meinung, wir Menschen sehen es als Fortschritt , ich mit Bedenken.

Es erleichtert den Fortschritt, Alltag, aber , der Mensch verlernt , funktioniert nur noch,   wird gewissermaßen zunehmend überflüssig gemacht. Das menschliche Gehirn, verlernt dadurch selbst Wege zu finden.

Soll das die Lösung sein?

Gewisse Filme aus längst vergangenen Tagen, Vorahnung, auf die Zukunft?

Wir müssen wieder erlernen , mehr Mensch , als Maschine zu sein und zu leben.

GLÜCK

GEDULD

GEBORGENHEIT

GELASSENHEIT

SICHERHEIT

FREIHEIT

VERTRAUEN

NATUR

Natur – wir sind ein Teil dessen, warum schänden wir sie dann so?

Ich bin wirklich sehr stark der Annahme , der Mensch muss sich erst selbst richten ,damit die Welt wieder eine bessere werden kann.

Charls Darwin, erkannte schon , dass Anpassung alles ist , die Welt würde sich ohne den Menschen, besser erholen, als mit , selbst nach einem Atomschlag , wenn es nicht, die Erde komplett zerreißt , bei.

Wir sind alle nur Staubkrümel , wem oder was müssen wir beweisen?

Kriege, Dummheit der Menschheit, werden vielen Unschuldigen das Leben kosten. Elend und Not vorprogrammiert.

Du willst etwas besser machen , fange bei dir selbst an .Auch kleine Wellen, können eine Flut auslösen.

Denke immer daran , wir kamen alleine , wir werden alleine gehen.

Sehe und erkenne deine Aufgabe, für dieses Leben.

Wachse ,sei anders für andere , um du selbst sein zu können.

Solange du im Guten handelst , im Sinne, deiner Taten , keiner Schaden nimmt, probiere es , etwas zu verändern, zu verbessern.

Und wenn es nur für dich ist , du strahlst nach Außen aus , was dein innerliches für dich ist.

Es sind wenige Menschen, welche solche höheren Ebenen erreichen. Meist ist Herdendenken im Fokus, und dies führt meist, zu nichts positiven.

Finde deine Mitte , deinen inneren Frieden, Ruhe .

Gibt es doch so viele Möglichkeiten zu ,Sport , Meditation, Hobbys, welche dich erfüllen, Frequenzen.

Mein persönlicher Favorit, Frequenzen.

Um einige zu benennen zu dürfen,

963Hz Führung erhalten

741Hz Aura reinigen

432Hz Körper regenerieren

639Hz negative Energie heilen

Geistige Reife, belächele sie nicht, lerne von.

Quantenphysik
Spiritualität
Astrophysik

Große haben es vorgelebt. Fange im Kleinen bei dir an .

25.1.2025 besonders Datum. Alles steht auf Neuanfang…..

LIEBE

Viele Menschen werden nie wahre Liebe erfahren dürfen. Es fängt bei Selbstliebe an
, nicht Egoismus, sondern den eigenen Frieden verspüren, seinen Selbstwert
Erkennen.
Das eigene Umfeld spielt eine große Rolle. Es formt und formte dich.
Habe den Mut ,Kontakte zu meiden, bestenfalls zu kanzeln .
Es wird dir gut tun ,negative Energien zu meiden, loszulassen.
Liebe, das höchste Glück, welches wir erfahren dürfen.
Viele denken , sie fühlen Liebe , meistens ist es nur eine Abhängigkeit, Gewohnheit
,Verpflichtung ,Erwartungen aus dem Umfeld .
Nur wer gern auch einmal alleine ist, daraus das positive ziehen kann, an Stärke
dabei wachsen kann, hat es verstanden. Liebe fängt bei uns selbst an.
Personen, die unseren Weg im Leben kreuzen , ein Geschenk, eine Aufgabe oder
eine Lehre , Lektion nachvollziehen, wachsen daraus.
Starke Menschen haben weniger Freunde, dafür welche , auf die man zählen kann.
Die den Mut haben, dir die Wahrheit ungefiltert, sagen zu können , ohne Lug ,
Scheinheiligkeit, diese sind es Wert , Freunde, Treue Begleiter, genannt zu werden.
Danke Dajana, meine Sonne.

BEZIEHUNGEN

Beziehungen , basieren meist auf Erwartungen.
Im Umkehrschluss, weißt du , ob diese Person gegenüber, das selbe Fühlen ,
Denken besitzt , wie du, oder ist es nur ein Wunsch, Deines selbst?
In der heutigen Zeit, passt meist nicht einmal das Fundament, Hauptsache nicht
allein, zum Beispiel.
Aus Ehrlichkeit, Loyalität, Respekt und Stärke.
Passt dies schon nicht , gebe auf , verkaufe dich nicht unter Wert.

HERZENSMENSCHEN

Herzensmenschen , müssen meist erst einen steinigen Weg gehen ,aus schlechten
Erfahrungen, Enttäuschungen usw.
Viele werden gebrochen und haben nicht den Mut , dies Kraft, um es erneut, zu
wagen.
Ihr seit immer auf der Suche, nach dem Perfekten .Keiner ist perfekt, lerne damit
umzugehen.
Wenn ihr die zufällige Begegnung, euren passenden Puzzelteils erkennt , spürt …
Ja man spürt , die besondere Energie .
Leg es nicht in Ketten, gib Zeit , habe keine Erwartungen. Diese Person ist Begleiter
deines Weges, nicht dein Besitz.
Du wirst, egal, wie vielen negative Erfahrungen du sammeln musstest , ein
Lehrpfad? ,dein Vertrauen wecken, wenn es nicht , wie ich selbst erfahren habe, das
Urvertrauen wieder spürst, es fühlt sich an, als ob man sich schon ewig kennt.
Suche nicht , wenn es Zeit zu ist , ergibt es sich.
Erzwingt nichts , es wäre negative Energie.
Denke ,in erster Linie, immer an deine Selbstliebe. Was du ausstrahlst , ziehst du an
, auf allen Ebenen.
Lass frei , was du liebst, kommt es zurück, war es vorgesehen , als Begleiter, als
Lektion, man weiß es nicht. Die Zeit, wird es dir zeigen.

Gehe mit allen Sinnen durch diese Welt.

Erfreue dich an kleinen Dingen, welche, die man meist nicht kaufen kann.

 Dies sind die wahren Geschenke des Lebens.

Es ist kein leichter Weg, zu viele Blender , Maskenträger in dieser modernen Welt.

Bekomme ein Gefühl dafür ,lese Menschen aus, man kann es lernen.

Habe Mut , die Richtung zu ändern, wenn es dir nicht gut geht, vertraue in dir selbst, es sind Ureingaben , welche viele Menschen, nicht mehr kennen.

Traurig , gehe mit gute Beispiel voran.

Aussehen ist heutzutage wichtiger , als innere Werte.

Parfüm, Pheromone werden übertüncht ,welche uns schon im Unterbewusstsein anzeigen , wer harmoniert, körperliche Chemie, zum Beispiel, Küssen verrät dir sehr viel , ob es passt oder auch nicht.

Habe aber auch den Mut , offen und ehrlich zu kommunizieren, verbeiße dich nicht.

Verändere dich nicht, hab immer einen Draht zu deinem inneren Ich.

Ich selbst, gerade in Scheidung, im Umbruch, es fühlt sich gut und richtig an.

Lieber ein Ende mit Schrecken, als…

Du hast nur begrenzt Zeit auf diesen Planeten.

Mach das Beste aus jedem Tag , sei innerlich in Liebe und gehe auch so in die Welt hinaus.

Warum sind denn Scheidungs ,Trennungsrate so hoch in der heutigen Zeit?

Ich kann auf Frau Vera F . Birkenbihl verweisen, welche sehr gute Ergebnisse erlangen konnte. Möge sie in Frieden sein.

DER TOD

Der Tod, welcher in unserer Gesellschaft, verdrängt wird , Geburten werden groß gefeiert…

Gehört der Tod , oder nennen wir es Beendigung dieser Zeit, nicht dazu?

Viele Völker , feiern es , denn jedes Ende , ist auch ein Neuanfang.

Bedingungslose Liebe , etwas fast unmöglichen, aber versuche nah dran zu sein.

Sehe nicht alles als selbstverständlich an…

EIN GUTER MENSCH IST JEMAND ,

DER AUCH DANN GUTES TUT ,

WENN NIEMAND HINSIEHT.
(Autor unbekannt)

Wie unterdrückte Emotionen, die Organe des Körpers schwächen…

ANGST -SCHWÄCHT DIE NIEREN

WUT – SCHWÄCHT DIE LEBER

SORGEN – MILZ

TRAUER – LUNGE

ALLE EMOTIONE GEHEN AUF DAS HERZ.

@IMPULS YOGA (INSTAGRAM)

ERNÄHRUNG

Man ist , was man isst.
Krebs eine Erkrankung, sehr pressant , in der heutigen modernen Zivilisation.
Warum?
Viele Umwelteinflüsse führen meist dazu , unter anderem , auch die Ernährung,
Stress, Zeit-
Mangel ,Bequemlichkeiten, dass wir uns der natürlichen Ernährung, immer weiter
entfernen. Das Kapital tut ihr übriges dazu.
Große Marken , mit Maske, verkaufen uns den größten Müll, um Profit daraus zu
schaffen.
Werbung, hat nur meist die nötig , welcher verkaufen muss.
Es muss billig sein   , Nährwerte meist kaum bis wenig vorhanden   , mit
Konservierungsmittel, E- Stoffen , schmackhaft und gut verkäuflich gemacht.
Blender.

Ja , es fehlt uns meist die Zeit , um Inhaltsverzeichnisse beim Einkauf zu lesen ,
meist noch versteckt, verschönert mit Ablenkung und größer wirkender Verpackung.
Schaut auf den Inhalt, Preis, was bringt viel Schlechtes , was billig ist, und man
nur seinen Magen füllt , Nährwerte?
Man vergiftet sich, man kann krank werden.
Der Hunger stellt sich meist schnell wieder ein.
Lernt endlich wieder , was Pflanzen sind , gegebenenfalls Anbau, Anbauzeit , was
einem auch die Saisonzeit vieler Früchte, Gemüsesorten verrät.

Saisongemäß essen, heißt auch, weniger Transportwege , weniger Gifte/Chemie.
ABER ICH ESSE DOCH AUCH OBST BZW SALAT.
Nicht was gut aussieht, ist auch gut.
Esse bewusst, nehme dir Zeit zu , es ist ein Grundbedürfnis , welches ein hohen
Stellenwert , in deinem Leben haben sollte.
Resultate, wie Krankheiten, Übergewicht, Schwäche, um einiges zu benennen.

DEIN KÖRPER SPRICHT MIT DIR

BEINE   WIE STEHST DU IM LEBEN

KNIE   HAST DU EINEN GESUNDEN SELBSTWERT

FÜSSE   WIE STARK BIST DU VERWURZELT

FUSSGELENKE   LÄSST DU DIE FESSELN ANLEGEN?

@impuls_yoga

Zeichen deines Körpers , das etwas falsch läuft.

Lerne , wieder mehr auf die Signale deines Körpers zu hören.

Tabletten, gegen Symptome, sind schnell genommen. Man muss ja funktionieren, hat aber auch auf unseren Körper mehr schadhaft Wirkungen , als wenn man sich auch einmal Ruhe gönnt. Vielleicht auch einmal auf einen natürlichen Wirkstoff zurück greift. Gibt da sehr viele Bücher zu.

Kräuter , natürlich Heilmittel, aber das muss jeder für sich entscheiden.

Im Mittelalter, hätte mein Leben, wahrscheinlich auf dem Scheiterhaufen, geendet.

Denn die Dummheit der Menschen , Angst vor etwas Neuem.

Altes Wissen , ist meist mit Vorurteilen behaftet.

Dies kann man auf alle Bereiche des Lebens ausweiten. Vieles Altes wird uns auch gerne als etwas Neues verkauft….

Ich möchte und will dazu keine Stellungnahme bekannt geben.

Aber möchte diese Zeilen , dazu nutzen , dem einen oder anderen , den Geist zu öffnen.

Hilfestellung für alle , die feststecken, in bestimmten Lebenssituationen .

Seit es euch wert.

DU BIST WERTVOLL.

Geht mit offenen Augen durch diese Welt und ihr werdet lernen.

Habt den Mut , zum „anders" sein!

Sei wie du sein möchtest und nicht , wie es andere gerne von dir sehen wollen.

Tut, was euch gut tut , durchbricht „Traditionen „ , ob in Erziehung von Kindern, die Seelen von morgen , zum Beispiel.

Fangt an zu hinterfragen und nehmt nicht,   die einfacheren Vorgaben, der Gesellschaft , als eure Richtlinien, Grenzen.

Gebt sogenannter Randgruppen , Gehör und entscheidet, intuitiv darüber , nicht, Was die Masse denkt.

Seht Zeichen.

MACHT DAS BESTE AUS EUREM LEBEN.

MEINE GRÖßTE STÄRKE

IST MEINE AUTHENTIZITÄT.

ICH TUE NIE SO , ALS WÄRE ICH JEMAND ,
DER ICH NICH BIN.

ENTWEDER , WIR VERSTEHEN UNS,

ODER EBEN NICHT.